En el centro del sistema solar se encuentra el Sol: nuestra estrella.

Tierra
Venus
Mercurio
Marte

Cometa Halley

Eclipse solar

El sistema solar se formó hace millones de años, a partir de una gran nube de gas. La mayor parte de materia se agrupó gracias a la gravedad y se formó el Sol. Luego, partículas diminutas de polvo se reunieron formando cuerpos sólidos, que, finalmente, se convirtieron en planetas. De los ocho planetas, los cuatros más cercanos al Sol tienen superficies rocosas. Los cuatro más alejados de él, se conocen como gigantes gaseosos. Plutón, que ya no es considerado planeta, tiene una superficie cubierta de hielo (roca congelada). Alrededor del Sol también orbitan asteroides y cometas. Nuestro sistema solar hace parte de una galaxia: la Vía Láctea, que contiene millones de estrellas. La Vía Láctea es una entre los millones de galaxias en el universo.

En el centro está el Sol, que es mil veces más grande que todos los planetas juntos.

Mercurio

La superficie de Mercurio es similar a la de la Luna.

Mercurio es el planeta que se encuentra más cerca al Sol. Además de ser pequeño carece de vida y no tiene atmósfera. Es un lugar de extremo calor y frío. Su superficie tiene una temperatura, en el día, de 450 °C; pero como no tiene atmósfera que retenga el calor, en la noche, Mercurio puede llegar a los -170 °C. En la década de 1970, la NASA (National Aeronautic and Space Administration) envió una nave de exploración espacial llamada *Mariner 10* a Mercurio, que trajo de regreso fotos detalladas que revelan que este planeta es similar a la Luna. Mercurio es un planeta hostil y sombrío, tiene en su superficie incontables cráteres, originados por meteoroides. Estos cráteres alcanzan hasta 5 km de profundidad. Es posible que los que se mantienen permanentemente resguardados del Sol, contengan hielo. Mercurio está más cerca del Sol que Venus y la Tierra, pero su órbita elíptica hace que algunas veces esté muy cerca de la Tierra. Rota muy lento, se demora en dar la vuelta sobre sí mismo dos tercios de lo que se demora en darle la vuelta completa al Sol.

Vista cercana de Mercurio

Mercurio fotografiado por *Mariner 10*

Mercurio info

2

Mercurio es un planeta pequeño, tiene el mismo tamaño que nuestra Luna.

Mercurio es un planeta sin vida, al igual que la Luna, tiene una superficie llena de cráteres.

Mercurio está cubierto por cráteres con forma de rayos, debido al choque de meteoroides contra su superficie.

Mercurio es el planeta que le da más rápido la vuelta al Sol, lo orbita a una velocidad de 48 km por segundo.

PLANETAS reporte

Nombre: Mercurio
Diámetro: 4.878 km
Número de lunas: 0
Volumen (Tierra = 1): 0,056
Distancia al Sol: 57.900.000 km
Temperatura de la superficie: -170 °C a 450 °C
Traslación: 87,97 días

Venus

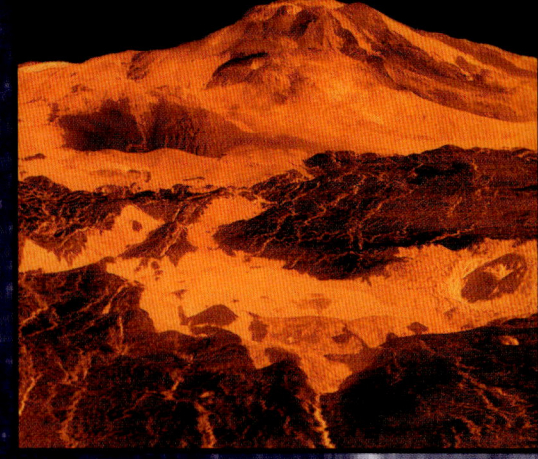

La superficie volcánica de Maat Mons.

Cadena montañosa que rodea a Lakshmi Planum. Atrás se ve el volcán Danu Montes.

Venus es un planeta que tiene casi el mismo tamaño de la Tierra. Su atmósfera está compuesta por dióxido de carbono, que lo hace muy tóxico. La concentración de ácidos atrapa el calor, convirtiéndolo en el planeta más caluroso del sistema solar. Además de las erupciones volcánicas que depositan lava en la superficie, las temperaturas en Venus sobrepasan los 460 °C y su presión atmosférica supera 90 veces la de la Tierra. Venus tiene la capacidad de reflejar la luz solar, por eso es posible verlo en la Tierra justo después de la puesta de sol en el occidente o antes del amanecer en el oriente. Gracias a ello se le denominada la Estrella de la Noche (en Occidente) y la Estrella de la Mañana (en Oriente), aunque se trate de un planeta y no de una estrella. En 1982 una sonda espacial rusa llamada *Venera 13* fue enviada allí con éxito. Esta fue diseñada para sobrevivir a la hostil atmósfera de Venus. Antes de derretirse por el intenso calor del Sol, logró transmitir fotos que mostraban un paisaje volcánico.

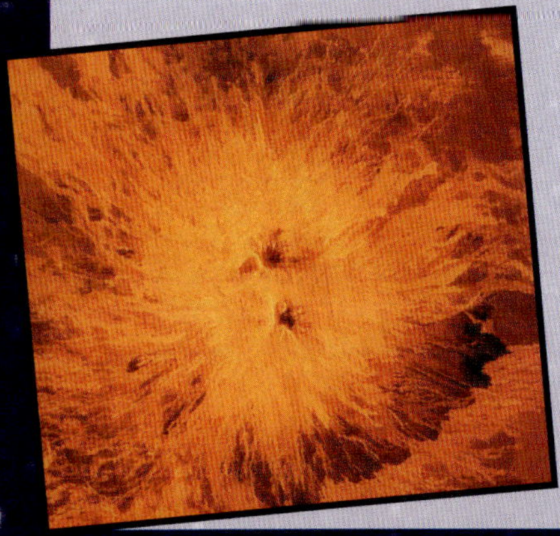

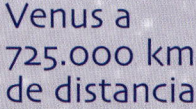

El volcán Sapas Mons

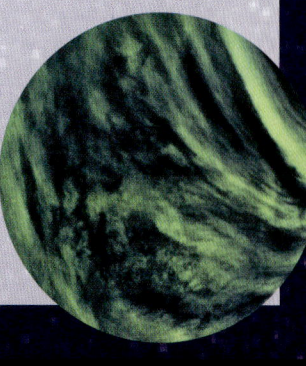

Venus a 725.000 km de distancia

4 Venus info

Venus es el planeta más caliente del sistema solar, su superficie alcanza más de 460 °C.

Tres cráteres causados por meteoroides en la región de Lavinia.

PLANETAS reporte

Nombre: Venus
Diámetro: 12.103 km
Número de lunas: 0
Volumen (Tierra = 1): 0,86
Distancia al Sol: 108.200.000 km
Temperatura de la superficie: 464 °C
Traslación: 224,7 días

Venus rota en dirección contraria a la de la Tierra, por lo tanto el Sol sale por el occidente y se oculta por el oriente.

Tierra

El surgimiento de la Tierra visto desde la Luna

Las huellas en la superficie de la Luna pueden quedar conservadas por millones de años, ya que no hay ningún cambio climático que pueda alterarlas.

Es el único planeta en el sistema solar que puede albergar vida. La Tierra posee una atmósfera que actúa como un escudo protector contra el calor y el frío extremos, y filtra los rayos solares. El agua, crucial para la vida, cubre el 70% de su superficie. El núcleo de la Tierra está compuesto por níquel y hierro derretido, y su corteza es rica en silicio. La capa que hay entre el núcleo y la corteza se denomina manto. Mientras la Tierra gira alrededor del Sol, lo hace sobre un eje ligeramente inclinado. Cada rotación corresponde a un día y cada recorrido de órbita (traslación), corresponde a un año. La Tierra no es una esfera perfecta, en el ecuador rota más rápido que en los polos, lo que origina una leve protuberancia hacia la mitad. La fuerza gravitacional de la Tierra impide que nuestra Luna se aleje en el espacio y es, también, la que nos permite mantenernos anclados a ella.

Incendio forestal

Fotografía satelital de San Francisco

Pozos de petróleo ardiendo en Kuwait

Dunas en el desierto de Arabia Saudita

El diámetro de la Tierra es mayor en el ecuador que en los polos.

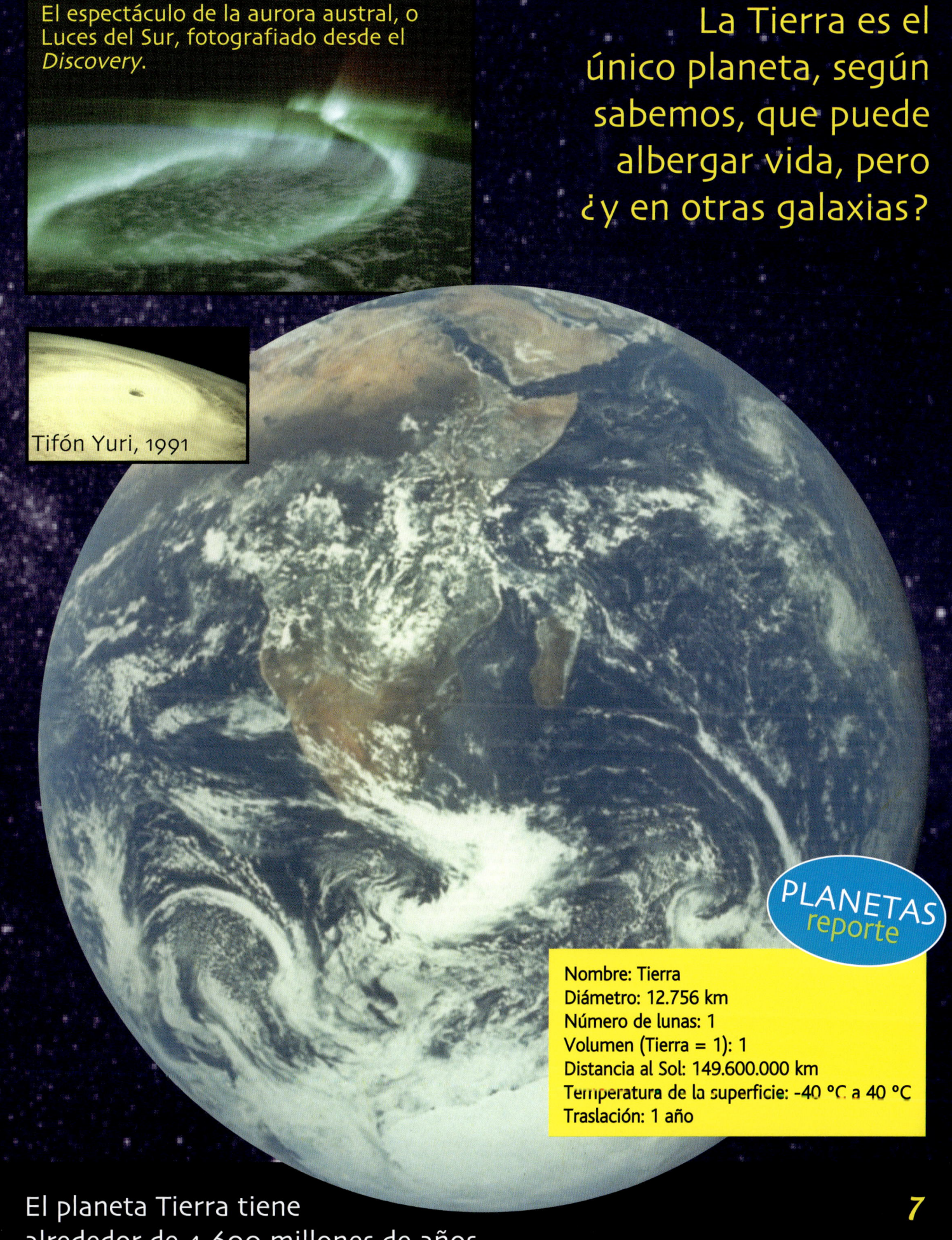

El espectáculo de la aurora austral, o Luces del Sur, fotografiado desde el *Discovery*.

La Tierra es el único planeta, según sabemos, que puede albergar vida, pero ¿y en otras galaxias?

Tifón Yuri, 1991

PLANETAS reporte

Nombre: Tierra
Diámetro: 12.756 km
Número de lunas: 1
Volumen (Tierra = 1): 1
Distancia al Sol: 149.600.000 km
Temperatura de la superficie: -40 °C a 40 °C
Traslación: 1 año

El planeta Tierra tiene alrededor de 4.600 millones de años.

Marte

Fotografía de la superficie marciana, tomada desde una nave espacial.

El color rojo de Marte no es una ilusión, proviene del óxido de hierro (oxidación) de la atmósfera y del suelo. Marte es el planeta que más se parece a la Tierra. A pesar de que su delgada atmósfera contenga dióxido de carbono en cantidades mayores, y de que la temperatura normalmente apenas sobrepase el congelamiento (promedio de -28 °C), es el mejor prospecto de una futura exploración satelital dirigida. Quizá haya tenido, en el pasado, agua, y todavía se percibe su presencia en las capas de hielo. Es probable que los canales se hayan formado por cauces de ríos de hielo derretido. En 1996, se encontraron fósiles microscópicos, similares a virus, lo que genera el interrogante de si alguna vez hubo vida en Marte.

El *Viking 2* explorando el estéril paisaje marciano.

El volcán más alto en todo el sistema solar es el Olympus Mons, que mide más de 26 km de alto.

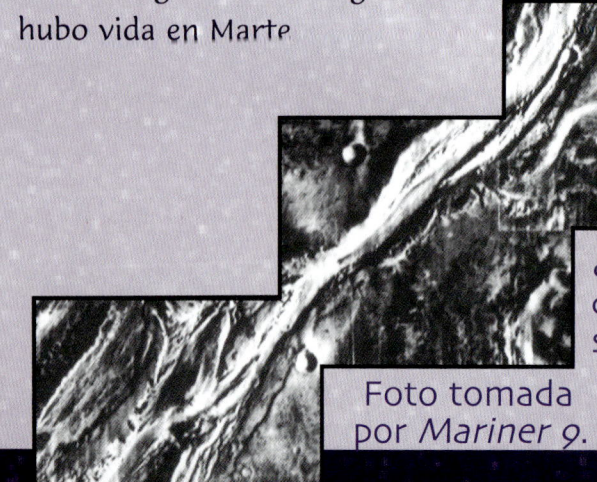
¿Lechos de ríos secos? Foto tomada por *Mariner 9*.

8 Marte info
Un día en Marte equivale a 24,6 horas, casi lo mismo que un día en la Tierra.

Exploración espacial

Nuestro insaciable deseo de conocimiento ha hecho realidad increíbles viajes.

Yuri Gagarin, un cosmonauta ruso, se convirtió en la primera persona en viajar al espacio, el 12 de julio de 1961.

Astronautas recuperando un módulo de comando después de su descenso en el océano Pacífico.

"Un pequeño paso para el hombre, un gran salto para la humanidad". Neil Armstrong, 20 de julio de 1969.

Exploración espacial

El sistema solar tiene la increíble edad de 4.600 millones de años.

Exploración *espacial*

Nuestra capacidad de usar tecnología, como el Telescopio Espacial Hubble, para explorar el espacio, ha permitido conocer imágenes de planetas y galaxias lejanas.

El transbordador espacial de regreso a casa.

Otra misión de transbordador despegando desde la base en Florida.

En el centro del sistema solar está el Sol, que es mil veces más grande que los ocho planetas juntos.

Marte, el planeta rojo, está primero en la lista de futuras exploraciones.

Foto computarizada del polo norte marciano en verano, tomada por *Viking Orbiter 2*.

Primera fotografía de la superficie de Marte tomada por *Viking 1*.

Marte tiene valles muy profundos, lo cual sugiere que alguna vez fluyó agua en su superficie.

PLANETAS reporte

Nombre: Marte
Diámetro: 6.786 km
Número de lunas: 2
Volumen (Tierra = 1): 0,15
Distancia al Sol: 227.900.000 km
Temperatura de la superficie: -118 °C a -40 °C
Traslación: 23 meses

Marte tiene en su cielo una especie de tinte rosado, debido al polvo oxidado de su atmósfera.

Júpiter

Atmósfera de Júpiter vista desde 10,3 millones de km.

Júpiter es el planeta más grande de los cuatro gigantes gaseosos, y el segundo objeto más grande de todo el sistema solar. Es más grande que todos los planetas juntos. Su gran gravedad comprime el hidrógeno en su núcleo sólido, y está rodeado por una violenta atmósfera de amoniaco, metano y helio. Los astrónomos que han observado Júpiter, han notado una tormenta gigante, tres veces más grande que la Tierra, denominada la Gran Mancha Roja. En 1994, el cometa Shoemaker-Levy se estrelló contra el planeta. Las grandes explosiones causadas por este evento espacial, pudieron verse desde la Tierra. Júpiter es el planeta que gira más rápido. Un día en Júpiter equivale a menos de diez horas en la Tierra, gira a más de 45.000 km/h. Tiene más de 16 lunas; Io, Europa, Calisto y Ganímedes, son las más importantes. Esta última es dos veces más grande que nuestra Luna, de hecho es la más grande del sistema solar.

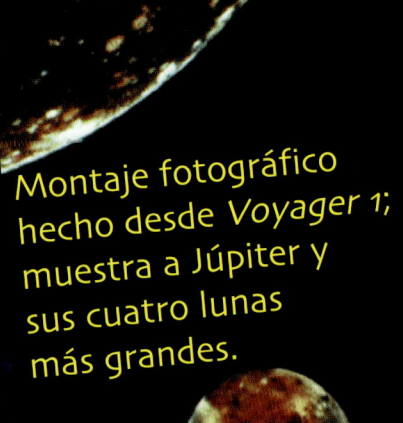
Montaje fotográfico hecho desde *Voyager 1*; muestra a Júpiter y sus cuatro lunas más grandes.

Júpiter es 1.300 veces más grande que la Tierra.

La Gran Mancha Roja es una tormenta más grande que la Tierra.

Indiscutiblemente, Júpiter es el gigante del sistema solar.

La presión en Júpiter es tan elevada que los gases se comprimen hasta que se convierten en líquidos, o incluso, en sólidos.

Acercamiento a las nubes de gases venenosos.

PLANETAS reporte

Nombre: Júpiter
Diámetro: 142.984 km
Número de lunas: 16
Volumen (Tierra = 1): 1.323
Distancia al Sol: 778.300.000 km
Temperatura de la superficie: -150 °C
Traslación: 11,86 años

Júpiter es el planeta que rota más rápido, lo hace a una velocidad de 45.500 km/h.

Saturno

Ciclones, manchas y chorros de aire.

Montaje del sistema de Saturno

Saturno es otro de los gigantes gaseosos, se reconoce fácilmente por sus anillos, es casi cien veces más grande que la Tierra y dos veces más pequeño que Júpiter. Sus maravillosos anillos multicolores pueden ser vistos a través de un telescopio. En 1656 Huygens, un astrónomo alemán, descubrió los anillos saturninos. En 1980, una sonda espacial, *Voyager 1*, se acercó por primera vez al planeta: envió fotos de Saturno mientras giraba rápidamente en espiral, mostrando que sus anillos están formados por unos más pequeños. Saturno tiene más de 18 lunas. Titán es una de las más grandes. Los días en Saturno duran un poco más de diez horas, pero un año allí equivale a 29 años en la Tierra. Saturno, al igual que Júpiter, está compuesto principalmente de hidrógeno. Este elemento es tan liviano que (en teoría) Saturno podría flotar en un recipiente con agua.

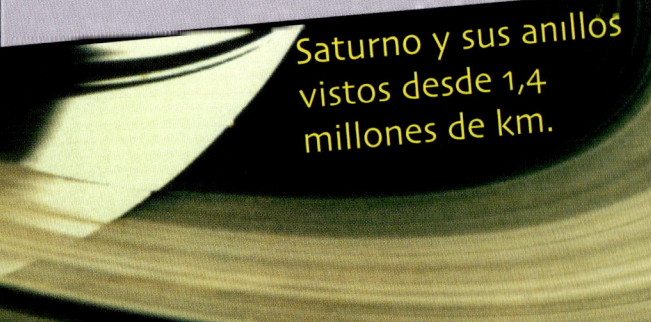

Saturno y sus anillos vistos desde 1,4 millones de km.

12 Saturno info

Los anillos de Saturno son muy delgados, tienen un grosor máximo de 200 m…

Los anillos de Saturno están compuestos por partículas de hielo y polvo...

Los distintos colores de los anillos de Saturno indican su diferente composición química.

La Gran Mancha Blanca apareció hace 30 años.

PLANETAS reporte

Nombre: Saturno
Diámetro: 120.536 km
Número de lunas: 18
Volumen (Tierra = 1): 744
Distancia al Sol: 1.427.000.000 km
Temperatura de la superficie: -180 °C
Traslación: 29,46 años

...pero tienen más de 275.000 km de longitud.

Urano

Urano visto a 2,7 millones de km.

El sistema de Urano

Urano es el séptimo planeta desde el Sol. Se encuentra tan alejado de la Tierra que aunque sea visible al ojo, los astrónomos no se percataron de que era un planeta hasta 1781. William Herschel fue quien lo bautizó, aunque estaba convencido de que se trataba de un cometa y no de un planeta. Aunque conocemos muy poco sobre Urano, sabemos que tiene un eje de rotación bastante particular, a veces se inclina tanto, que el polo norte y el polo sur pueden estar de frente al Sol al mismo tiempo. Este movimiento errático puede que se haya producido a causa de una colisión con un objeto gigante. Tiene más de 18 lunas, las más grandes se pueden ver desde la Tierra, las más pequeñas, de menos de 160 km de diámetro, sólo fueron descubiertas cuando la sonda *Voyager 2* viajó al espacio. Los anillos que lo rodean son más pequeños y delgados que los de Saturno, están compuestos por pequeños fragmentos de hielo y roca.

Acercamiento a las finas partículas que componen los anillos de Urano.

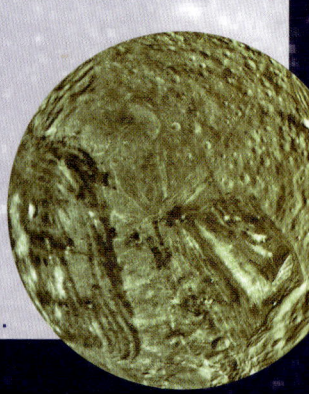
Miranda, una de las lunas más grandes de Urano. Su superficie es áspera y rocosa.

14 Urano
info

El verano y el invierno en Urano pueden durar hasta 42 años terrestres.

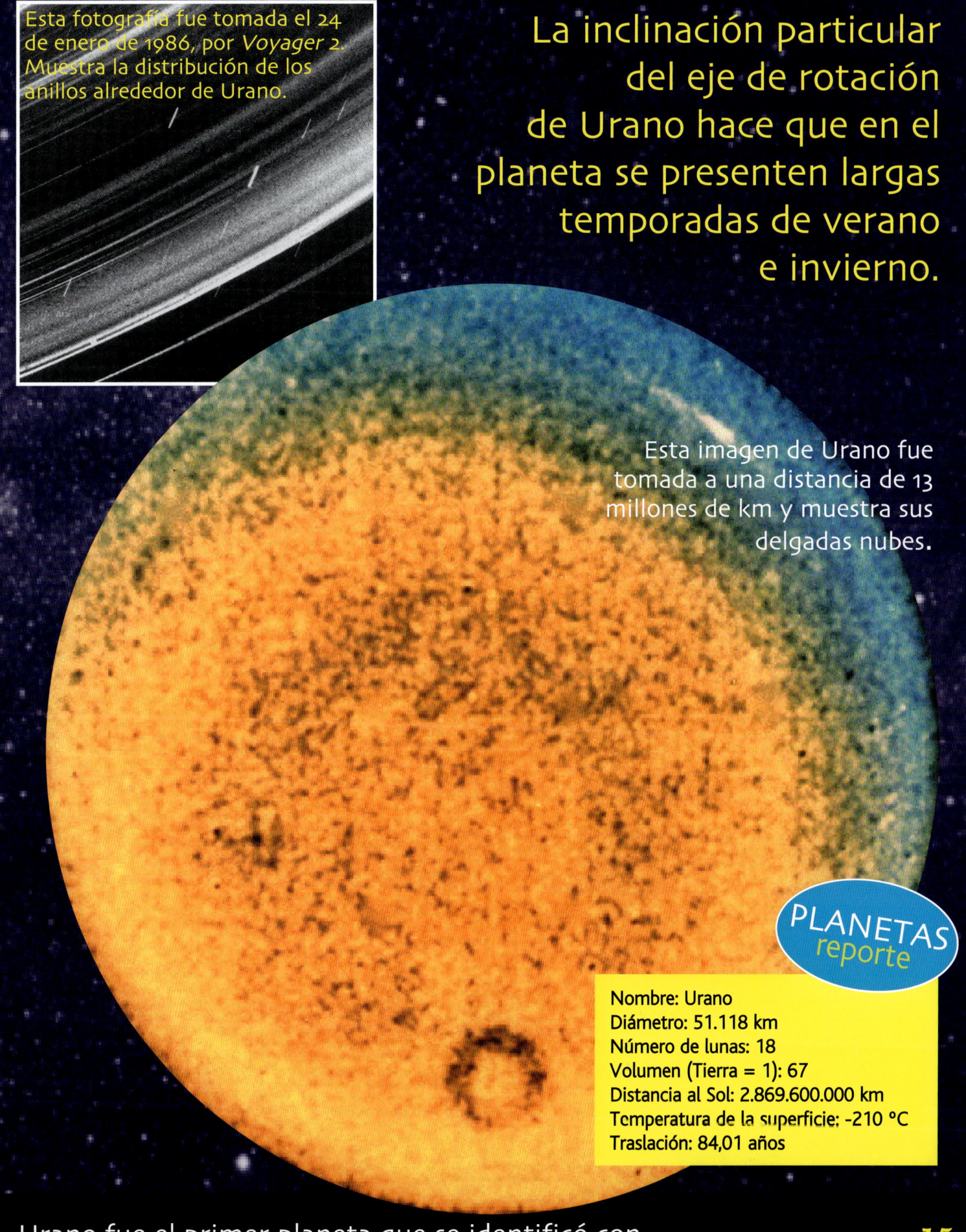

Esta fotografía fue tomada el 24 de enero de 1986, por *Voyager 2*. Muestra la distribución de los anillos alrededor de Urano.

La inclinación particular del eje de rotación de Urano hace que en el planeta se presenten largas temporadas de verano e invierno.

Esta imagen de Urano fue tomada a una distancia de 13 millones de km y muestra sus delgadas nubes.

PLANETAS reporte

Nombre: Urano
Diámetro: 51.118 km
Número de lunas: 18
Volumen (Tierra = 1): 67
Distancia al Sol: 2.869.600.000 km
Temperatura de la superficie: -210 °C
Traslación: 84,01 años

Urano fue el primer planeta que se identificó con un telescopio.

Neptuno

Los delgados anillos de Neptuno

La Gran Mancha Negra

Una gran tormenta rodea al planeta

Neptuno es el octavo planeta del sistema solar y el cuarto gigante gaseoso. Se asemeja en tamaño a Urano y fue descubierto por casualidad hace 150 años, cuando los astrónomos estudiaban la irregular rotación de Urano. Neptuno, al igual que Urano y Saturno, posee anillos y varias lunas. Tritón, que es la más grande de las ocho lunas conocidas, gira en dirección opuesta al planeta. Neptuno tiene un núcleo pequeño y rocoso, compuesto principalmente por hielo, metano y amoniaco. Sus tormentas más grande son conocidas como Gran Mancha Negra y Scooter.

Neptuno tiene un manto de agua congelada, lo cual explica su nombre, el mismo del dios romano de los océanos.

PLANETAS reporte

Nombre: Neptuno
Diámetro: 49.528 km
Número de lunas: 8
Volumen (Tierra = 1): 57
Distancia al Sol: 4.496.600.600 km
Temperatura de la superficie: -220 °C
Traslación: 164,79 años

Neptuno info

En Neptuno se presentan tormentas violentas, con vientos que alcanzan más de 2.000 km/h.